LIDANDO COM
CONFLITOS
na prática

Série Soft Skills Tools

LOUIS BURLAMAQUI

LIDANDO COM
CONFLITOS
na prática

Um guia de bolso para realizar uma gestão de pessoas mais eficiente

MEROPE
editora

Copyright © Louis Burlamaqui, 2023
Copyright © Editora Merope, 2023

CAPA **Natalia Bae**

PROJETO GRÁFICO E DIAGRAMAÇÃO **Natalia Bae**

COPIDESQUE **Tânia Rejane A. Gonçalves**

REVISÃO **Hebe Ester Lucas**

COORDENAÇÃO EDITORIAL **Opus Editorial**

DIREÇÃO EDITORIAL **Editora Merope**

Todos os direitos reservados.
Proibida a reprodução, no todo ou em parte, através de quaisquer meios.

Dados Internacionais de Catalogação na Publicação (CIP)
(Câmara Brasileira do Livro, SP, Brasil)

Burlamaqui, Louis, 1968-
   Lidando com conflitos na prática : um guia de bolso para
realizar uma gestão de pessoas mais eficiente / Louis
Burlamaqui. -- 1. ed. --
Belo Horizonte, MG : Editora Merope, 2023. --
(Soft Skills Tools)

   ISBN 978-65-990267-9-9

   1. Administração de conflitos
2. Comportamento organizacional 3. Cultura organizacional
4. Conflitos - Resolução 5. Gerenciamento de pessoas I. Título
II. Série.

23-14808   CDD-658.4053

Índices para catálogo sistemático:
1. Administração de conflitos : Administração de
empresas 658.4053
Aline Graziele Benitez - Bibliotecária - CRB-1/3129

MEROPE EDITORA
Rua dos Guajajaras, 880, sala 808
30180-106 – Belo Horizonte – MG – Brasil
Fone/Fax: [55 31] 3222-8165
www.editoramerope.com.br

Sumário

Introdução 9

1. Por que existe conflito? 11
2. O lado bom e o lado ruim do conflito 25
3. Como lidar quando o conflito é comigo 37
4. Como gerenciar conflitos entre pessoas.................. 65

À guisa de fechamento... 87

Introdução

Seja bem-vindo(a) ao mundo da aprendizagem! Sua decisão de ler este livro já demonstra que você busca aprimorar sua habilidade para lidar com conflitos, não é mesmo?

Os conflitos existem nas sociedades desde os seus primórdios e, a partir do momento em que passam a fazer parte do cotidiano de uma empresa, precisam ser administrados para que não se percam o controle nem os objetivos organizacionais de vista.

Neste livro, você vai conseguir entender as divergências sob alguns pontos de vista, que vão além do que está certo ou errado, para saber como a gestão de conflitos pode (e vai) ser uma solução assertiva e eficaz.

Meu objetivo aqui é lhe mostrar um caminho bem estruturado e testado para administrar conflitos da melhor forma possível. Ao longo da minha vida, ajudei milhares de profissionais a encontrarem formas de tratar situações difíceis envolvendo pessoas.

É fácil? Não. Sabemos que lidar com pessoas não é uma ação similar a apertar um botão capaz de solucionar todos os problemas, mas posso afirmar com absoluta certeza que existem formas de resolver ou minimizar as consequências de um conflito.

Aliás, o mundo contemporâneo não só presencia como ajuda a promover a intensificação dos campos de conflito, desde os provocados por interesses econômicos até os políticos e sociais

Este livro foi desenhado para lhe trazer várias possibilidades de crescimento e evolução em suas habilidades com pessoas. Para tanto, mantenha sempre a mente aberta. Não importa quanto você sabe, mas quanto quer aprender mais. Para isso, convido você a simplesmente ampliar seu ponto de vista sobre pessoas e cenários!

Louis Burlamaqui

1. Por que existe conflito?

Duas tribos distintas percorrem longos caminhos, em sentidos opostos, na busca de alimentação. Num dado momento, uma plantação de batatas surge entre os dois grupos. Os dias de escassez de comida não serão mais problema por algum tempo. Porém, há um dilema em questão: se dividirem a plantação entre os dois bandos, o alimento se esgotará rapidamente. Portanto, para não sucumbirem à fome em poucos dias, as duas tribos entram em confronto e, quem ganhar, ficará com as batatas.

O conflito acima foi narrado no livro *Quincas Borba*, de Machado de Assis, em que o personagem que dá nome à obra debate as seguintes questões: por que os atritos entre pessoas e culturas diferentes acontecem e qual a importância dessas desordens para a sobrevivência de algumas espécies?

Desavenças e desaforos são comuns e fazem parte da história da humanidade. No geral, no entanto, os seres humanos buscam conviver em harmonia, de preferência junto àqueles com os quais possam compartilhar opiniões e vivências parecidas. No entanto, com a maior concentração de pessoas em grandes cidades, é cada vez mais comum a convivência entre indivíduos que não se dão bem.

O mercado de trabalho tem se modificado e diversificado a cada ano. Muitas vezes, pessoas com formações, idades e concepções diferentes precisam trabalhar juntas num mesmo projeto, empresa ou conselho. No geral, essa mistura costuma ser proveitosa e benéfica para a empresa, o conselho e a equipe, pois proporciona maior troca de experiências e de conhecimento, além de propiciar uma análise mais aprofundada e diversa sobre os mais variados temas. Em outros casos, contudo, as diversas formas de ver o mundo e de entender uma situação podem causar atritos entre colegas de grupo.

Durante a época de escola, por exemplo, era comum nos juntarmos a pessoas com quem tínhamos afinidade para formar um grupo de amizade e fazer trabalhos juntos. Raramente éramos forçados a realizar atividades com pessoas com as quais não nos dávamos bem. Todavia, com o passar do tempo e nossa entrada no mundo corporativo, percebemos que escolher com quem se relacionar não é uma opção no ambiente profissional. Por esse motivo, é importante desenvolvermos a habilidade de conviver e trabalhar com pessoas das quais não gostamos ou cujas ideias são diferentes das nossas.

Um conflito mal resolvido seguramente será um ponto de desgaste na equipe, que afetará profundamente o convívio e a qualidade do trabalho de todos. Se não somos unanimidade entre alguns colegas ou não conseguimos gostar de todos da mesma forma, o importante é sabermos lidar da melhor forma possível com a situação e não deixar que as desavenças atrapalhem o trabalho do conjunto.

Afinal, o que é conflito?

A palavra "conflito" vem, na maioria das vezes, carregada de um significado negativo e, em muitos casos, trata-se apenas de uma diferença entre visões e opiniões que, se encarada sob diversos pontos de vista, pode, sim, trazer benefícios e soluções.

Então, que tal começarmos entendendo melhor o significado do termo em questão? Originado do vocábulo em latim *conflictus*, essa palavra vem sendo muito usada em nosso contexto atual para caracterizar divergências políticas, religiosas, pessoais e profissionais.

De acordo com os dicionários, a palavra "conflito", derivada do verbo *confligere*, quer dizer estar em desavença (*con-*: junto + *-fligere*: golpear, atacar). Se considerarmos o significado literal desse conceito, será possível enxergar várias pessoas, com ideias distintas, batendo de frente, discutindo e tentando chegar a um acordo em comum.

Em termos políticos, um conflito pode ser, ainda, uma guerra, uma luta armada entre países, um enfrentamento com choque violento; no campo da psicologia, simboliza uma condição mental de quem apresenta hesitação ou insegurança entre opções excludentes, um estado de quem expressa sentimentos de essência oposta; já no teatro, é um elemento a partir do qual a progressão narrativa tem seu início.

O conflito, para o campo da sociologia, representa um desequilíbrio de forças do sistema social que deveriam estar em repouso, ou seja, tal sistema deveria ser equilibrado quanto às forças que o compõem, o que levaria a não mais se enxergar o grupo como uma relação harmônica entre órgãos, não suscetíveis de interferência externa.

Em todos os casos, o conflito é caracterizado pela ausência de concordância ou entendimento, pela oposição de interesses e opiniões de qualquer natureza. Conflito é sinônimo de perturbação, tumulto, revolta, motim, agitação, desordem, divergência, enfrentamento por se opor, pelo menos a princípio, à concórdia, consonância, amizade e conciliação.

A simples discordância de pontos de vista pode resultar em um conflito, independentemente de sua proporção. Portanto, a forma de o sujeito lidar com as divergências fará diferença no resultado final. Se os pensamentos distintos estiverem sendo representados no dia a dia de trabalho, por exemplo, será preciso um gerenciamento da situação para que ela não saia de controle. Uma controvérsia sobre uma atividade, uma discórdia acerca de uma decisão superior ou a escolha de caminhos opostos a serem seguidos pode iniciar um conflito, que surge a partir de duas ou mais pessoas que não têm a mesma visão do todo. Vale ressaltar que tudo isso não significa, especificamente, que a razão do conflito seja ruim ou prejudicial às relações interpessoais.

Por ser algo que envolve seres humanos, não é de estranhar que os conflitos estejam diretamente relacionados aos aspectos emocionais e psicológicos dos indivíduos em questão.

Sob uma visão geral do termo, podem ser citadas três principais situações nas quais os conflitos são observados e trabalhados com mais frequência em uma empresa. São elas:

- os conflitos em relações interpessoais, que englobam os funcionários de uma organização e podem gerar divergências nos relacionamentos durante a convivência na rotina de trabalho;
- os conflitos nas negociações, que acontecem, por exemplo, entre a empresa e seus fornecedores, quando surgem pontos divergentes sobre uma estratégia a ser tomada, devendo, portanto, ser levadas em consideração as opiniões de todas as partes para que se encontre uma solução favorável a todos;
- os conflitos em reuniões, que podem ser altamente prejudiciais para a tomada de decisões e a obtenção dos resultados esperados, ao mesmo tempo que podem conduzir a um importante ponto em comum que será refletido por todos para que se alcancem os objetivos coletivos sem que surja algum impasse insolúvel.

Tendo em vista os diversos tipos de conflitos que podem surgir no ambiente interno de uma empresa, a gestão de conflitos é um processo que reúne estratégias, práticas e ações que podem ser classificadas como preventivas e corretivas, sobre as quais vamos falar em seguida.

Características do conflito

- As emoções estão em alta.
- As pessoas se sentem incomodadas.
- As pessoas se sentem sozinhas e pensam que são as únicas a passar por isso.
- As pessoas pensam no que vão perder.
- As pessoas pensam que não têm recursos suficientes para lidar com isso.
- As pessoas acreditam sinceramente que estão certas.

Essas características cada vez mais inserem uma pessoa em seu próprio mundo.

Por que não gostamos de algumas pessoas?

É difícil afirmar especificamente o que nos faz não gostar de uma pessoa, em especial se tal sentimento surge no momento em que conhecemos esse outro indivíduo. Com o tempo, a antipatia inicial pode ser desfeita e a convivência se torna mais amigável ou, pelo contrário, a inimizade aumenta e o conflito se intensifica com o passar dos dias.

Há diversas hipóteses para tentar explicar a não compatibilidade de ideias. Uma delas analisa nossa avaliação entre custo e benefício na convivência com determinada pessoa. Ao conhecermos alguém, ponderamos sobre seus defeitos e suas qualidades de acordo com aquilo que julgamos ser correto ou não. Então, fazemos um balanço se os defeitos da pessoa são toleráveis graças às suas qualidades ou se esses pontos negativos são insuperáveis, apesar dos pontos positivos.

Se uma pessoa tem como principal característica tomar decisões precipitadas, por exemplo, mas, por outro lado, tem como maior qualidade a capacidade de motivar a equipe a trabalhar unida por um objetivo, o que nos fará gostar dela ou não é o que julgamos ser mais importante para nós. Se acreditarmos que a união do grupo é mais importante do que as decisões intempestivas de um único indivíduo, é bem provável que gostemos dessa pessoa e que aprenderemos a conviver com seu defeito.

Entretanto, se cremos que o processo racional e analítico para tomar uma decisão é uma característica importante em alguém, é muito provável que a qualidade de motivar as pessoas não seja suficiente para termos empatia por esse sujeito. Se tal diferença não for bem controlada e a inimizade ficar evidente, seguramente o convívio será difícil e os atritos surgirão.

Outra questão que pode influenciar nosso gosto por alguém é a forma como avaliamos a questão do custo-benefício em relação ao comportamento da outra pessoa. Se não somos muito exigentes quanto a essa questão, ou seja, se conseguimos nos relacionar com o indivíduo, mesmo que alguns de seus defeitos nos incomodem, nossa tendência é simpatizarmos com as pessoas com tolerância similar à nossa.

Por outro lado, se preferimos pessoas com o comportamento mais próximo do que consideramos ideal e não toleramos indivíduos com muitos defeitos, geralmente tendemos a gostar mais de alguém que pense da mesma forma que nós.

Essa nossa percepção do que é aceitável ou não no comportamento do outro é muito influenciada por nossa cultura, nossas vivências e experiências. Por exemplo, se o sujeito identificar uma característica que, no passado, foi nociva a ele, como dificuldade de convivência com alguém perfeccionista, possivelmente irá rejeitar outra pessoa com o mesmo atributo no presente. Essa avaliação serve para nós como um mecanismo de defesa, ainda que inconsciente, para que evitemos novas situações difíceis com esse tipo de indivíduo. Em algumas ocasiões, até a aparência física parecida com a de uma pessoa que nos tenha feito mal pode servir como base para nosso julgamento sobre alguém.

Uma pessoa nova no grupo também é capaz nos causar rejeição a princípio, já que podemos nos sentir ameaçados com a nova concorrência por atenção no conjunto. Com o tempo, no entanto, se percebemos mais semelhanças que diferenças em relação a esse novo integrante, a tendência é que passemos a gostar dele. Isso ocorre por ser mais fácil conviver com alguém que se parece conosco, gosta das mesmas coisas e tem a mesma opinião que a nossa. Com essa afinidade, é mais simples imaginarmos como a pessoa vai reagir a determinadas situações, além de podermos criar expectativas mais realistas em relação a ela.

Por mais que a tendência seja querermos nos relacionar com pessoas parecidas conosco, buscando similaridades, especialmente em relação a nossos defeitos, este pode ser um motivo para não gostarmos de alguém. Por outro lado, também é difícil que um indivíduo totalmente oposto a nós nos agrade; afinal, o convívio passa a ser mais difícil e temos muito mais trabalho para lidar com um sujeito muito diferente de nós. Com opiniões de formas de agir tão diferentes, como entrar em acordo com relação à maioria das situações?

As relações humanas, por vezes, podem ser complicadas, de sorte que definir nosso gosto ou não por uma pessoa, como vimos, pode não ter razões muito precisas. Nem todos irão nos agradar, assim como também não seremos sempre amados. O problema maior, entretanto, surge quando os atritos se intensificam e não temos consciência do que está ocorrendo dentro de cada indivíduo.

Conflitos marcam a humanidade

Os conflitos marcam nossa história. O mundo está sempre com uma guerra em algum lugar. A espécie humana agrega uma grande massa de conflitos de diversas naturezas. Quanto maior e mais diversificado é um grupo, maior a tendência de surgirem desavenças entre seus integrantes.

Deveríamos, então, procurar unir pessoas parecidas e com o mesmo pensamento para não surgirem conflitos? Seria, possivelmente, a opção mais fácil para não permitir confusões entre os indivíduos, porém não é a melhor forma de enfrentar a realidade.

A partir de uma perspectiva organizacional, colocar pessoas diferentes para trabalharem juntas é uma forma de diversificar pensamentos, criar novas experiências e conquistar mais conhecimento. Às vezes, alguém com uma vivência diferente pode indicar outros pontos de vista sobre uma mesma questão, abrindo, assim, o horizonte e permitindo novas descobertas.

Muitas ideias inovadoras também podem aparecer dessa convivência entre pessoas diferentes. O debate entre pensamentos conflitantes pode apontar novos caminhos e soluções para problemas antigos, por exemplo. Mas esse convívio só poderá prosperar se tais indivíduos souberem respeitar opiniões diferentes e entenderem que não há um dono da verdade. Afinal, a veracidade é relativa e depende do entendimento de cada um sobre um determinado acontecimento.

Diferentes opiniões e visões podem resultar em conflitos, porém gerenciá-los é uma estratégia eficaz para alcançar o sucesso. Assim, dentro e fora de uma empresa, os conflitos são inevitáveis, de forma que, em algum momento, você vai precisar lidar com algum tipo deles, em situações específicas ou corriqueiras.

O grande paradigma do conflito

O fator que de certa forma nos prende a questões ligadas aos conflitos é o viés por onde olhamos a cena ou o contexto conflituoso.

Se entra em um conflito, você já é uma parte dele. Se o outro faz o mesmo, passa a ser outra parte. Se ambos estão partidos, mais dificuldade existe em caminhar para uma solução.

O caminho para virar o jogo é sair da parte e ver o todo. O todo contempla as partes. É no todo que encontramos saídas que atraem ou motivam mudanças no outro.

Ver o todo *versus* ficar preso na parte

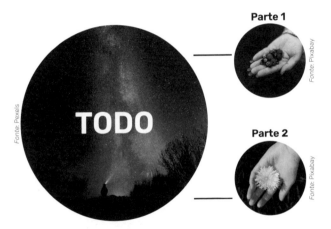

Sabemos que uma situação de conflito tem início quando há, junto com a divergência, uma necessidade de escolha entre aspectos que, até então, eram considerados incompatíveis e antagônicos, perturbando a tomada de decisão ou uma ação específica por parte das pessoas e dos grupos.

O psicólogo alemão Kurt Lewin foi um dos estudiosos que teve o conflito e as mudanças como objetos de estudo. Lewin definiu que o conflito, em relação ao indivíduo, é a convergência de forças de sentidos opostos e de igual intensidade que surge quando passa a existir uma atração por duas valências positivas, porém opostas, ou por duas valências que são negativas, ou ainda por uma positiva e outra negativa na mesma direção ou objetivo. Assim, em um conflito, é importante perceber a existência de "partes".

Kurt Lewin desenvolveu, a partir de suas observações, a chamada "teoria de campo", que é uma teoria da motivação com origem nos conceitos e pensamentos da *gestalt*, uma doutrina segundo a qual, para se compreender as partes, é preciso, antes, compreender o todo.

De acordo com o referido psicólogo, a percepção individual é um dos principais fatores para se entender tudo, inclusive os conflitos, suas causas e seus resultados. Ele defendeu ainda que, mais importante do que a percepção que uma pessoa tem da realidade, é a maneira como se comporta diante dela, o que sofre muitas influências do ambiente no qual o indivíduo está inserido.

No momento em que uma pessoa percebe que ela é uma "parte", abre-se a possibilidade de reconhecer a outra "parte" e então compreender a situação a partir de um "todo".

Por que existe conflito?

Atividade

Identifique conflitos atuais em sua vida.

_____

_____

_____

_____

Princípio 1: aprenda a ver o todo.

2. O lado bom e o lado ruim do conflito

O conflito pode ser positivo

Todo sistema de leis é estruturado com base em conflitos. Todos os governos democráticos foram construídos a partir do enfrentamento, particularmente o nosso, que é um sistema de ganhos e perdas em constante colisão.

Um carro sem pneus adequados não vai a lugar algum no gelo. Esportes não existiriam sem conflito. Nenhuma aventura, filme, programa de televisão, história ou qualquer outro tipo de entretenimento é interessante sem alguma forma de tensão e disputa.

O conflito não é um evento sem fim. É finito e causa movimentos que podem ser positivos em curto ou longo prazo. Portanto, conflitos têm ciclos. Assim, todas as guerras na história tiveram ciclos e se encerraram deixando muitas lições.

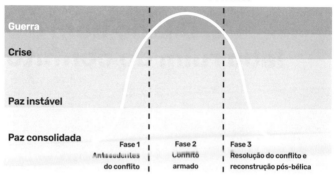

Por que nós nos incomodamos com isso?

A questão é controlar.

A lei e o governo são construídos com base em regras para controlar a forma e a natureza do conflito. Quando essas regras são quebradas, temos anarquia – e isso é assustador para a maioria de nós.

Um carro fora de controle em uma pista de gelo também é assustador. Porém, um entretenimento, mesmo o mais arriscado, como o desafio mortal do *bungee jumping*, sendo controlado, pode se revelar um prazer a ser desfrutado. Ficar perdido na selva só será considerado uma grande aventura anos mais tarde, quando, livre da tensão, você contar a seus filhos sobre isso.

Conflito é somente um desacordo que saiu do controle. É um evento emocional, não lógico. O objetivo é arrumar uma maneira de controlar o desacordo ou, se o conflito estourar, buscar a ordem de volta.

Qual é o problema entre pessoas?

O problema é a colisão. A colisão vem quando alguém parte para cima do outro e este outro responde, assim como um veículo colide com outro, podendo até mesmo matar seus ocupantes.

O que leva alguém a COLIDIR com outro?

- Insegurança
- Medo
- Necessidade de domínio
- Dificuldade em conseguir convencer o outro
- Irritações
- Espírito altamente competitivo
- Hábito de entender que o mundo é guerra e luta
- Falta de humildade
- Egoísmo

Atividade

Analise qual desses fatores mais ocorre com você:

Como surgem os conflitos corporativos?

Toda organização é formada a partir de interesses. A composição desses interesses forma uma cultura. Há culturas organizacionais que não estimulam o conflito e existem as que o fazem. Certamente, entendemos que o conflito bem administrado pode ser positivo. A seguir, alguns elementos que podem deflagrar conflitos:

- Interesses de carreira
- Necessidade de garantir resultados
- Sensação de ameaça
- Diferenças individuais
- Metas individuais
- Imaturidade
- Vaidade
- Falta de comunicação
- Jogos de poder
- Indicadores que se chocam
- Processos mal elaborados
- Problemas
- Prejuízos

Atividade

Quais desses fatores você mais tem vivido em sua carreira?

Como um desacordo evolui para um conflito?

Vamos ver, na sequência, um gráfico que mostra que os conflitos vão progredindo, na maioria dos casos, quando não são regulados.

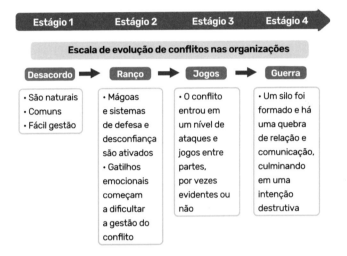

O primeiro estágio envolve uma discordância de ponto de vista. Por vezes, trata-se de uma situação comum, geralmente simples de resolver. Por exemplo, o prazo para realizar uma correção no sistema não foi cumprido por um técnico da TI e o gerente precisava dar uma resposta a um cliente. O gerente necessitava da solução no mesmo dia e o técnico afirmou que não conseguiria resolver o problema a tempo. O técnico acreditava que o gerente deveria explicar a situação ao cliente, enquanto o gerente não aceitava o atraso do técnico. A discussão se arrastou até o gerente entender que, de fato, não havia condições de o sistema rodar no prazo que ele queria.

O segundo estágio envolve um fator mais sensível. Quando o conflito traz uma ameaça emocional a algum lado, ou mesmo a ambos. Essa ameaça deflagra um sistema de defesa que coloca um elemento emocional mais acentuado no conflito. Por exemplo, a vendedora A tem se antecipado em relação à vendedora B. A vendedora A tem se saído melhor em vendas e a B tem se sentido ameaçada, de modo que decidiu ser mais agressiva ao abordar clientes, também se antecipando nos atendimentos. As duas passaram a ficar alertas, por vezes trocando farpas por causa de clientes. Se não houver uma ação inteligente da liderança, esse conflito tende a se acentuar a ponto de criar um clima ruim.

O terceiro estágio é marcado por confrontos diretos e pelo estabelecimento de um campo de guerra onde a confiança se perdeu. Por exemplo, um diretor de produção está em litígio com o diretor comercial e decide mostrar que a estratégia de vendas está equivocada. Seu objetivo é melindrar e fragilizar o diretor comercial. Volta e meia, o diretor de produção traz problemas comerciais que impactam a produção, gerando pequenas perdas. Essa é uma situação em que ambos têm intenções de ataque.

No estágio quatro, o conflito é uma posição já tomada, com as partes se considerando inimigas ou adversárias. Por exemplo, em um conselho, dois representantes de famílias diferentes se digladiam para obter poder e adquirir mais ações na organização. As guerras são fortes, pesadas e, às vezes, declaradas, em que todos sabem o que cada um pensa e quer.

Atividade

Identifique uma situação de conflito que esteja vivendo ou presenciando. Escreva abaixo em que estágio esse conflito está:

_____

_____

_____

_____

_____

Será que vale a pena mexer em um conflito?

Nem sempre é recomendável identificar e interferir em todos os conflitos. Há confrontos que, ao ser ressaltados, tornam as coisas ainda piores do que estavam.

Vamos conhecer o método SIM, que permite analisar se vale a pena dar relevo a um conflito ou interferir nele.

MÉTODO SIM

- **S**OLUÇÃO – a pergunta é se tem solução.
- **I**MPACTO – a pergunta é se isso realmente impacta o negócio ou a situação.
- **M**EDIAÇÃO – a pergunta é se é possível mediar.

Se, ao responder às três perguntas, sua resposta for "sim", então trate o conflito. No entanto, se uma das respostas for "não", considere aguardar outro momento para mexer nisso.

Faça uma avaliação de como você lida com conflito.

Com qual(ais) das afirmações abaixo você se identifica?

- Não gosto de me envolver quando há conflito.
- Gosto de conflitos, isso mantém as coisas vivas.
- Eu preferiria contar a outra pessoa sobre o conflito e espero que outros lidem com ele.
- Fico chateado quando o conflito me envolve.
- Muitas pessoas não revelam o conflito.
- Tenho tendência a guardar ressentimento.
- Eu uso o conflito como uma forma de melhorar a mim mesmo.
- Acho que devemos antecipar o conflito e cuidar dele antes que aconteça.
- Não vou transigir em nada que seja contrário aos meus valores.
- Algumas pessoas me consideram muito obstinado.
- A liderança da organização é responsável pelo conflito.
- Acho que o conflito é inevitável.
- Muitas vezes me encontro em conflito com pessoas que são diferentes de mim.
- Eu não sou aquele que normalmente causa conflito.
- O conflito cria uma discussão saudável.

Atividade

O que mais incomodou você ao marcar os itens anteriores?

\
\
\

O que você pode fazer em relação a isso?

\
\
\

De alguma forma, tudo tem aspectos positivos

Embora os conflitos em uma empresa possam trazer aspectos negativos, os pontos benéficos se mostram em destaque no processo de gestão. Podemos citar alguns, como a melhoria da socialização entre os funcionários, envolvendo-os em causas com as quais não estavam acostumados e mostrando outras perspectivas; o encontro do equilíbrio das relações de poder; e a possibilidade de se formarem alianças positivas com o objetivo de sair de um conflito de maneira vencedora, sem danos maiores ou problemas estruturais. Então, por incrível que possa parecer, uma divergência funciona como um grande aprendizado para todos os que participam dela, independentemente de quem sai ganhando ou perdendo a briga.

E, como não poderia ser diferente, um dos maiores trunfos da gestão de conflitos é encontrar estratégias para o sucesso da empresa por meio da resolução das divergências.

Para resolver os conflitos, é preciso que passos sejam seguidos e que um novo estilo seja adotado a fim de que as mudanças sejam recorrentes e duradouras. Eis algumas sugestões: criar uma atmosfera afetiva, esclarecendo as percepções individuais e coletivas; focalizar as necessidades individuais compartilhadas, construindo poder positivo e comum entre todos; controlar situações de conflito, gerando opções de ganhos múltiplos; e desenvolver etapas para que as ações planejadas sejam efetivadas e promovam resultados satisfatórios, estabelecendo pontos de benefícios mútuos, sempre olhando para o futuro da empresa, sem deixar de aprender com os erros do passado.

Idalberto Chiavenato, especialista em administração de empresas e recursos humanos, afirmou que uma qualidade importante de um bom administrador é a sua capacidade de administrar conflitos. Para tanto, esse gestor pode utilizar três abordagens de modo a gerir as divergências:

- **Abordagem estrutural**: considera que as percepções criadas pelas diferenciações formam os conflitos, assim como recursos limitados e interdependência entre eles, e tudo isso precisa ser administrado para ser controlado com mais facilidade.

- **Abordagem de processo**: busca reduzir os conflitos por meio da modificação dos processos dentro da empresa, podendo ser conduzida tanto por líderes das equipes quanto por profissionais terceirizados para desativar a discussão, promovendo a cooperação e os acordos necessários a fim de que se encontrem vantagens para todos.
- **Abordagem mista**: envolve os aspectos estruturais e os aspectos de processo para adotar regras de resolução de conflitos, criando papéis integradores que delimitem as ações das pessoas e designando pessoas-chave para ajudar na busca de soluções favoráveis dos conflitos que possam surgir futuramente.

Já para os autores Kenneth Thomas e Ralph Kilmann, a gestão de conflitos está baseada em fatores eficazes e pontuais, tais como: a competição por meio do poder e da acomodação cooperativa para satisfazer os interesses da outra parte envolvida em detrimento de alguns interesses em jogo; o afastamento para conseguir se colocar à margem do conflito e ter uma visão geral dos acontecimentos; o acordo assertivo entre as partes pela troca de concessões; e a colaboração afirmativa e cooperativa para trabalhar em conjunto em prol de uma solução mais rápida e eficaz que satisfaça ambas as partes.

Administrar conflitos é considerar que eles podem, sim, ser bastante construtivos para as pessoas e para as empresas, levando à solução de problemas que poderiam não ser identificados se a divergência não tivesse se apresentado, podendo também suscitar a análise de novos perfis de trabalho, de novas competências e do maior interesse dos indivíduos nos processos decisórios e rotineiros da companhia.

Ao mesmo tempo, é fundamental considerar que os conflitos podem ser muito destrutivos se forem conduzidos de forma errônea, dando espaço para desavenças intensas e profundas, rompendo relações interpessoais, afetando o desempenho das equipes e influenciando, de maneira ruim, a imagem da empresa perante o mercado e seus concorrentes.

Somando-se a esses fatores, é imprescindível que todas as equipes saibam se comunicar e que as empresas estejam abertas a ouvir e a considerar a opinião de seus colaboradores, que podem ter muito a contribuir para o desenvolvimento da organização.

Manter um ambiente respeitoso, consciente e agradável para se trabalhar também faz toda a diferença a fim de que novos conflitos, se surgirem, sejam solucionados e tragam resultados benéficos para todos os envolvidos.

Os conflitos organizacionais podem se transformar em grandes oportunidades, de acordo com seus impactos e resultados, sendo fatores aliados ao crescimento e desenvolvimento tanto das pessoas quanto das empresas.

Princípio 2: foque a evolução.

3. Como lidar quando o conflito é comigo

Conflitos podem surgir do nada

Mesmo você sendo uma pessoa da absoluta paz, o conflito uma hora chega à sua realidade. Isso é parte de um coletivo humano com interesses, motivos e estilos diversificados.

Por mais harmonioso que seja um ambiente profissional, é natural que alguns conflitos surjam. Já que não podemos controlar o comportamento de cada indivíduo, o primeiro passo é entender como proceder em relação ao externo que chega.

Tudo começa por uma palavra: INTERESSE. Pessoas têm interesses distintos, e isso é legítimo. Quando esses interesses não são atingidos ou obtidos, geram frustrações, as quais costumam ser gatilhos importantes para o começo de um conflito. Por esse motivo, é preciso entender as expectativas de uma pessoa em relação a um assunto ou uma oportunidade, deixando claro quais podem ser os ganhos ou os resultados daquilo que é almejado. Se algo não sair como esperado, é necessário estar preparado para lidar com a situação. Por isso, prever possíveis cenários negativos e se programar para atuar, caso aconteçam, é uma atitude importante a fim de evitar que conflitos prosperem.

Conflito de personalidades

Mesmo que trabalhem no mesmo setor e possuam a mesma função e formação, é comum encontrar pessoas com personalidades totalmente diferentes em uma mesma empresa ou um ambiente. A convivência entre elas, no geral, é harmoniosa, mas também pode haver conflitos entre aqueles que se comportam de maneira diferente.

Alguns desses atritos podem ser gerados pela forma como cada indivíduo enxerga um determinado acontecimento e como entende que deve agir em tal situação. Em uma ocasião de conflito, por exemplo, uma pessoa mais combativa e que goste de atuar no momento da ocorrência certamente ficará impaciente, ou até mesmo nervosa, com alguém que prefira refletir melhor sobre a situação e esperar a poeira baixar antes de tomar uma decisão. O mesmo aconteceria com o indivíduo que preferisse uma ação mais centrada caso seu colega agisse impulsivamente.

Duas personalidades conflitantes podem se chocar e dificultar o entendimento de alguma questão. Tímidos e extrovertidos, falantes e calados, arrojados e *low profile*, interesseiros e altruístas, todos são objetos de construção do diverso, que pode gerar diferenças.

Para manter o bom ambiente em um local com diferentes personalidades, respeitar a forma como as pessoas agem também é importante, assim como buscar administrar as diferenças para que se complementem e não sejam motivo de discórdia.

Você no centro

Por mais que seja uma pessoa boa em conselhos e hábil para lidar com conflitos, quando você é o alvo de um deles, nem sempre é fácil ter consciência e clareza do que fazer e de como agir. Podemos nos autotrair sem perceber. Em razão disso, vamos observar dois riscos ao estar no centro de um conflito.

▶ Risco 1: nunca tente se vingar das pessoas

O primeiro ponto de atenção surge quando há situações armadas e programadas para prejudicá-lo por ordem de outros interesses. A raiva, o ressentimento e o ódio destroem sua capacidade de aproveitar a vida. Não deixe uma situação ou outra pessoa controlar sua felicidade.

Por isso, elimine a vontade de fazer o outro passar pelo que você passou para sair da vibração negativa. Isso não significa que não tenha que tomar providências e resolver questões, mas, se estiver livre do sentimento de vingança, seu coração estará limpo para encontrar outras formas de solucionar o problema.

Normalmente, os conflitos ocorrem por algumas razões específicas. Por vezes, o embate resulta de uma divergência de opiniões, uma disputa por poder, algum ciúme, um choque entre egos ou um confronto de funcionalidades e metas.

Às vezes, há chefes que jogam pessoas contra outras com o propósito de provocar conflitos e, com isso, terem maior controle da situação pela vulnerabilidade gerada. Enfim, mais cedo ou mais tarde, você vivenciará situações similares a essas. Por isso, é fundamental eliminar sentimentos de vingança.

▶ Risco 2: evite ir do racional ao emocional

Os conflitos evoluem e carregam características específicas de acordo com o tipo e a motivação, tendo seu estágio inicial na discussão do problema de forma racional, aberta e objetiva.

Depois, acontece um debate no qual você e o outro (seu antagonista) fazem generalizações e buscam demonstrar padrões de comportamento, o que diminui a objetividade do processo. Em seguida, vocês começam a mostrar a falta de confiança nas alternativas e estratégias que são propostas pela parte "oponente". Assim, começam a assumir posições de acordo com suas experiências e, também, seus preconceitos, construindo imagens acerca do conflito. Ao fim, aparecem, então, dificuldades, como a intenção de, por parte de um dos lados, não desistir dos conflitos, mantendo-se irredutível, o que alimenta a geração de mais problemas para o outro.

Quando um conflito vai se repetindo em outras cenas e situações, surgem ameaças e punições, deixando o processo de comunicação restrito e complicado. A tendência é a falta de humanidade, com o aparecimento de comportamentos destrutivos e insensíveis nas discussões. Dessa forma, os nervos se afloram e a necessidade de se autoproteger se torna uma preocupação, sendo o ataque ao próximo uma saída plausível enquanto se busca a derrota do outro.

Veja se você se recorda de situações que evoluíram de maneira similar à descrita.

Atividade

Uma vez que eu procurei vingar...

_____

_____

_____

_____

Uma vez que eu saí do racional e fui para o emocional...

_____

_____

_____

_____

Se você tem consciência de como o processo do conflito evolui, fica mais fácil tomar decisões e posicionar-se melhor.

Vamos ver, na sequência, uma série de "dicas" práticas que podem ajudá-lo a sair desse "centro" emocional e liderar o processo.

Como sair do centro emocional

Temos a oportunidade de levar um relacionamento a um nível mais alto de confiança após uma situação de conflito. Para isso, é fundamental ajustar seus comportamentos de modo a regular seu ímpeto emocional. Na sequência, veremos diversas dicas para você se pautar em conflitos.

▶ Mantenha o relacionamento caloroso

Só porque viemos de pontos de vista opostos, não temos que tratar uns aos outros com frieza e rudeza. Isso só aprofunda o ressentimento na situação de conflito. Tente continuar a se conectar em um nível humano com a outra pessoa.

▶ Perceba os valores e interesses

Às vezes, uma situação de conflito fica atolada em detalhes mesquinhos. Se pudermos nos concentrar nos valores da outra pessoa e buscar aspectos compartilhados, muitas vezes conseguiremos encontrar uma maneira de resolver o conflito. Outro ponto importante é descobrir o que de fato a pessoa quer. Conciliar interesses ajuda a resolver questões.

▶ Aja de acordo com o que ouve

Se outra pessoa tiver um problema conosco e articular uma opinião forte sobre isso o suficiente para expressá-la, é nossa responsabilidade como profissionais agir de acordo com essa comunicação. Demonstramos nossa boa-fé ao tentarmos levar o conflito a uma resolução mutuamente aceitável.

▶ Esteja disposto a mudar você mesmo

Como podemos esperar que os outros mudem se não conseguimos mudar a nós mesmos? Alguém disse uma vez que uma definição de insanidade consiste em fazer a mesma coisa indefinidamente, mas esperando resultados diferentes. Assim, com o propósito de deixarmos o conflito para trás de forma permanente, é necessário demonstrar que estamos fazendo o nosso melhor para mudar.

▶ Transforme barreiras em oportunidades

Quanto mais vemos o conflito como uma barreira, mais atribuímos conotações negativas à situação e às pessoas envolvidas. Quando mudamos o foco e enxergamos cada barreira como uma oportunidade, passamos a ver como isso afeta positivamente nossa atitude.

▶ Avalie conversa interna positiva *versus* negativa

As palavras que usamos para "falar" conosco sobre situações de conflito têm grande poder. Pense na diferença entre as afirmações seguintes.

Negativo: "Essa pessoa está atrás de mim. O que quer que eu faça, ela luta comigo".
Positivo: "Essa pessoa está chateada e não sabe como usar as palavras".

Negativo: "Não suporto trabalhar com aquele cliente".
Positivo: "Estou realmente tentando descobrir uma maneira de desenvolver um relacionamento melhor com esse cliente".

Negativo: "Ela não poderia ter feito isso comigo na frente de todos. Foi grosseira".
Positivo: "Tenho um longo caminho a percorrer para descobrir como lidar com as reações dessa pessoa".

▶ Escolha suas batalhas

Há momentos, em situações de conflito, nos quais acumulamos uma longa lista de problemas que temos com outros indivíduos. Eles não podem ser resolvidos de uma vez, até porque as pessoas tendem a ficar na defensiva quando precisam responder a muitas preocupações ao mesmo tempo. Devemos escolher as questões que fariam mais diferença, se mudadas, e guardar outras "batalhas" para depois.

▶ Concentre-se no que pode e não pode mudar

Na maioria das situações de conflito, a única coisa passível de mudança é seu próprio comportamento e quaisquer decisões sob seu controle. Você não consegue mudar outras pessoas, suas organizações ou suas atitudes mais do que pode mudar a si mesmo.

Atividade

Quais desses pontos abordados você mais precisa trabalhar e com quem?

_____

_____

_____

Ouvir e escutar

Ouvir é o ato de captar organicamente os sons gerados pelo ambiente e as palavras comunicadas pelas pessoas. Tudo o que é audível é processado na mente e identificado como estímulo auditivo. Não há controle sobre a audibilidade, apenas se a pessoa bloquear os seus ouvidos, sendo um processo passivo. Já escutar é captar o som e depois interpretá-lo, dando sentido a ele. É um processo ativo que demanda consciência, atenção e vontade, sendo de controle pessoal.

Há pessoas que apenas ouvem, pois, para a pessoa escutar, é preciso fazer uma escolha no sentido de utilizar suas capacidades cognitivas, como percepção, atenção, imaginação e raciocínio. Escutar exige "limpar a mente", "esvaziar-se", abrir espaço para entender o outro como ele é. Trata-se de um ato de sair de si mesmo e ir ao encontro do outro.

O ato de escutar relaciona-se à ação de o indivíduo se comunicar, falar ao outro, expressar-se. Uma escuta é consequência de um diálogo, de um movimento de alguém expor o próprio mundo e descobrir o universo interno do outro. Aquele que inicia uma conversa com o intuito de ensinar e aprender acaba percebendo que, a cada diálogo, novos pensamentos são criados e outros tantos são reformulados. Há sempre algo de novo quando entendemos o falar e escutar como uma troca. Além disso, para agregar, é possível fazer perguntas que estimulem a reflexão e permitam uma interlocução criativa com descobertas.

▶ Escuta empática

Escuta empática é a habilidade de o ser humano escutar sem interferências, sem julgamentos, conseguindo "ouvir" as entrelinhas, ou seja, além do que o indivíduo diz verbalmente.

A escuta também está presente no nível corporal, ou seja, o corpo também fala. Gestos, semblantes e posturas devem ser "escutados" com atenção. Além disso, há aquilo que precisa ser escutado, mas não foi dito, permanecendo como subentendido. Entretanto, é preciso ter cuidado com as interpretações baseadas nos julgamentos próprios, pois é possível que o indivíduo esteja interpretando o outro com base em suas próprias crenças e experiências. É necessário, assim, completar lacunas com sabedoria "empática".

▶ Identificação de sentimentos e necessidades

Para ser empático com outra pessoa, é necessário que o sujeito seja empático consigo. A intuição de alguém é uma escuta interior que visa a entender as próprias necessidades e os sentimentos que afloram em cada situação, tornando-se um passo importante para ir ao encontro do outro. Ser compreensivo consigo, considerando suas próprias fragilidades, significa deixar a autocrítica de lado e focar a aceitação.

Após esse momento de autoaceitação, para se estabelecer uma escuta empática, é essencial manter uma atitude de presença em relação ao outro, dando-lhe atenção completa e sem julgamentos prévios. Depois, é necessário também se abrir (com empenho) para compreender os sentimentos e as necessidades da outra pessoa. Em vez de apontar mutuamente os erros, cada um deve ouvir as carências do outro e preocupar-se em ceder para saná-las. E, mesmo que você se atenha ao outro, precisa ter cuidado para não sobrepor seus interesses pessoais aos interesses do suposto antagonista, buscando um ponto de equilíbrio.

Para isso, é fundamental haver uma postura de centramento. Uma pessoa centrada é aquela com estado de presença nas coisas que faz, no aqui e agora. Trata-se de um aprendizado diário de o sujeito estar consciente de cada momento como alguém que apenas observa. Isenta de julgamento, a pessoa se abre para a aceitação do que é, o que acarreta sensações de paz e serenidade. Aceitando-se, ela aprende a aceitar melhor o outro.

No centramento, há uma conexão interior que leva a pessoa a transcender e potencializar sua capacidade altruísta. Além disso, o indivíduo possui a qualidade de ser observador de si mesmo, deixando naturalmente os pensamentos na mente fluírem, porém de uma forma dissociada. A dissociação ocorre quando a pessoa consegue se colocar como alguém de fora que observa, trazendo um novo olhar, uma forma de interpretar as coisas de maneira diferenciada, fora dos padrões habituais. Quando o sujeito consegue ver a situação com certo distanciamento, ele tem condições de ampliar a consciência com novos ângulos sobre a própria realidade.

▶ **Níveis de escuta**

Há, pelo menos, quatro níveis de escuta, especificados a seguir:

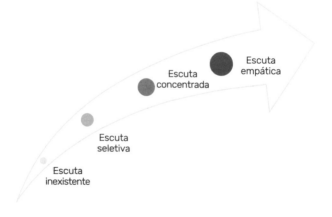

1. Escuta inexistente: nesse nível, o que ocorre é apenas a captação do som; é o ato de ouvir, não de escutar. A pessoa tem o foco voltado para outro ponto, demonstrando desinteresse ou mesmo impaciência,

como sinaliza a expressão "entrou por um ouvido e saiu pelo outro".

2. Escuta seletiva: a pessoa escuta apenas alguns pontos da conversa e se concentra naquilo que é de seu próprio interesse. A ação é caracterizada como atenção "flutuante", ou seja, que flutua de um ponto a outro.

3. Escuta concentrada: a pessoa consegue se concentrar no diálogo, mas ainda não atingiu o nível ideal de escuta, embora seja capaz de dizer tudo o que o outro disse. Há concentração, mas não uma abertura isenta de julgamento a respeito do outro. Ainda é uma escuta atenta, porém não vai além do que foi dito.

4. Escuta empática: é o tipo de escuta profunda, utilizando-se os cinco sentidos (visão, audição, tato, paladar e olfato), visto que escutar é algo que vai muito além de ouvir. Empatia é um conceito difundido nos estudos do psicólogo humanista Carl Rogers, que a definiu como a capacidade de compreensão do outro penetrando em seu mundo perceptual, porém nunca deixando de ser uma condição "como se". Isso quer dizer que é uma forma de entender como a outra pessoa percebe o mundo, com suas sensações e seus sentimentos, mas nunca deixando de considerar que é a percepção do outro, não de si mesmo. Não é, portanto, uma forma de sentir pelo outro, mas de entender o que ele está sentindo de acordo com sua visão de mundo e seus motivos.

▶ Passos para uma escuta empática eficaz

1. Demonstre que está escutando o outro utilizando recursos verbais e não verbais. Uma das formas verbais é a paráfrase, ou seja, o ato de dizer ao outro, com suas próprias palavras, o que foi compreendido. Caso haja alguma discordância, é possível esclarecer cada ponto obscuro.

2. Use o silêncio para encorajar o outro a continuar expondo suas ideias.

3. Utilize a técnica das perguntas abertas para gerar um diálogo mais reflexivo. Elas ampliam a consciência da pessoa, possibilitando novos *insights*.

Exemplos de palavras que potencializam perguntas abertas ou reflexivas

- "O quê?": tem o objetivo de buscar informações.
- "Qual?": busca opções.
- "Quanto?": relaciona-se com números e quantidades.
- "Quem?": busca conhecimento sobre pessoas.
- "Como?": diz sobre o processo, o modo.
- "Onde?": esclarece sobre localidade.
- "Por quê?": tem o objetivo de descobrir valores, significados ou crenças.

A escuta empática é voltada ao aqui e agora, com uma postura de abertura e disponibilidade ao outro. Quando a pessoa age de forma empática, ela consegue entender a visão de mundo alheia sem julgamentos prévios e sem interferências do seu próprio mapa mental (crenças, valores, hábitos, comportamentos). Esse nível de escuta tem o potencial de aproximar as pessoas, deixando-as à vontade para serem elas mesmas. O sujeito escuta, compreende e aceita. Entretanto, ele não antecipa ao outro um *insight* que somente ele pode ter no tempo dele. Apenas gera um movimento de evolução, pois a pessoa está em um nível de poder demonstrar o que é sem ser julgada, acarretando autoaceitação, autoconhecimento, segurança psicológica e mudanças evolutivas. Nada tem a ver com uma simples escuta "simpática".

É possível perceber alguns sinais de que está havendo uma escuta empática nas condições a seguir explicitadas.

- A pessoa está atenta, conectada e presente.
- Ela se utiliza de todos os canais sensoriais para compreender e demonstra estar buscando entender cada fala ao, por exemplo, balançar a cabeça afirmativamente.
- A pessoa não emite conselhos, pontos de vista próprios, apenas busca compreender de acordo com a visão de mundo de quem fala.
- A pessoa é escutada do início ao fim, sem interrupções ou antecipações.

Alguns autores também citam um quinto nível de escuta, chamado de "gerativa". É voltado ao futuro, no sentido de permitir a criação de ideias novas e a geração de novas perspectivas a partir do que é escutado e discutido no presente.

▶ O poder da escuta empática em conversas difíceis

As conversas ditas difíceis consistem naquelas nas quais há uma disputa de interesses em vez de uma busca de conhecimento sobre as necessidades de cada lado. Nesses casos, há divergências, atritos e uma tendência a sobrepor a voz de um lado à do outro, como se falar em um tom mais alto pudesse mostrar quem tem mais razão.

Existem algumas técnicas ou posturas que podem facilitar para o indivíduo ter conversas difíceis, como as mencionadas a seguir.

- Parafrasear: repetir com as próprias palavras o que o outro disse no sentido de obter maior compreensão e demonstrar atenção à fala alheia.
- Colocar-se no lugar do outro: essa postura gera um ato de empatia, não de "se me tratou com desrespeito, também o tratarei assim". A pessoa que tem escuta empática possui a maturidade de compreender cada postura inadequada do outro como parte de suas frustrações e dúvidas, demonstrando a capacidade de reverter falas desrespeitosas quando age justamente de forma oposta.
- Conhecer sua própria necessidade individual para depois buscar entender as necessidades do outro: a importância de se conhecer para depois buscar compreender o outro.
- Observar a si mesmo, as reações automáticas em situações de conflito: ao saber como reage no automático, a pessoa pode treinar-se para produzir respostas diferentes.

- Buscar sempre o ganha-ganha: ambas as partes devem criar valor uma para a outra. Isso significa que não é apenas um lado que deve ser beneficiado, mas o outro também. Estar atento às próprias necessidades e às do outro permite uma conjectura de ganho mútuo.
- Tirar lições: quando há uma escuta sobre os próprios anseios e os do outro, é possível compreender cada falha no processo sem julgamentos, mas com aceitação. Assim, é possível ressignificar a situação e tirar lições proveitosas no presente.
- Focar a solução, não o problema: as pessoas tendem a focar o lado negativo das coisas e de si mesmas, identificando quais são os seus problemas, mas se mostram incapazes de focar a solução. As perguntas direcionadas para solucionar problemas são geradoras de crescimento pessoal e profissional.
- Escutar também nas "entrelinhas": essa escuta permite captar o que não foi proferido verbalmente, mas foi dito por gestos, semblantes, expressões.

▶ Mas por que as pessoas não escutam?

Escutar implica absorver também ideias com as quais a pessoa não concorda, que a incomodam ou que fogem muito daquilo que esperava que o outro dissesse. Esse tipo de situação gera frustração, raiva, ansiedade ou medo. O motivo é que esse tipo de escuta está baseado nos próprios conceitos, nas crenças e nos valores pessoais. Quando alguém diz algo de que discorda, a pessoa tende a antecipar sua opinião e sobrepô-la à do outro. Tende a questionar, duvidar e até agredir com palavras. A pessoa que não escuta não quer sair de seu próprio mundo.

A escuta empática não ocorre quando a pessoa está elaborando dentro de si o que vai responder ao outro; está pensando no que vai fazer amanhã ou depois; está lembrando o que fez em outro dia; está preocupada em dar conselhos (estes são baseados na sua própria visão de mundo); ou está mantendo algum diálogo interno (conversas mentais).

▶ Os benefícios da escuta empática

- Gera confiança, segurança e proximidade.
- Pode ser usada na mediação de conflitos e jogos de interesses.
- Permite negociar ideias.
- Gera altruísmo e humildade.
- Amplia a capacidade de compreensão e raciocínio.
- Gera reflexão criativa.
- Permite uma ponderação maior de atitudes impulsivas e automáticas.
- Amplia a consciência.
- Permite a prática do respeito e da aceitação de si e do outro.
- Questiona e desconstrói crenças limitantes.
- Desconstrói suposições e mal-entendidos.
- Permite realizar escolhas melhores.

A empatia exige, portanto, uma disposição e algum interesse pelo outro, uma curiosidade em saber o que ele tem a dizer. Isso também significa deixar que o outro simplesmente "seja o que é". As pessoas precisam sentir que estão sendo ouvidas, que seus sentimentos e necessidades estão sendo considerados, e que suas falas têm valor para o outro.

Alguns conselhos poderosos

Se unanimidades são difíceis de conseguir em uma equipe, como lidar então com indivíduos que nos contrariam? Veremos, na sequência, uma série de pequenos conselhos para você estar com total atenção ao lidar com conflitos.

▶ Não crie expectativas

Não crie grandes expectativas em relação ao comportamento das pessoas. Por mais que convivamos e conheçamos alguém, é difícil saber exatamente como tal sujeito vai reagir em determinadas situações. Portanto, deixe claro o que você espera dos demais para aquele projeto específico e ouça também quais são as expectativas dos outros em relação a você.

▶ Esteja aberto ao diálogo

Se, apesar de toda a conversa inicial, a pessoa não corresponder ao que você esperava dela, volte ao diálogo. Comece a apontar as atitudes positivas que ela teve com o grupo até aquele momento e como essa postura ajudou a equipe. Essa é uma forma de desarmar a pessoa e voltar a ter trocas. Ao se mostrar aberto e buscando minimamente conversar, o espaço de convívio não será fechado e, mais à frente, poderá retomar assuntos mais difíceis.

▶ Mantenha-se na calma

Respiração ofegante, aceleração do fluxo sanguíneo e dos batimentos cardíacos e aumento da impaciência são sinais de que a raiva está surgindo. Antes que ela se manifeste, respire fundo e solte o ar. Isso ajuda a estabelecer um fluxo energético mais saudável e tira você do impulso. Espere o momento tenso passar, reflita sobre os apontamentos realizados pela outra pessoa e faça um balanço sobre as questões positivas observadas pelo outro.

O conhecimento dos motivos que nos levam a perder a paciência é importante para que possamos nos preparar melhor para controlar nossos impulsos assim que um conflito começar. Avalie quais serão as consequências de cada uma de suas ações. O importante é não permitir que as emoções do momento influenciem uma tomada de decisão.

▶ Seja mais diplomático

Lidar com pessoas com as quais temos conflitos ou das quais não gostamos é algo comum em nossas vidas. Mais do que ter razão, o importante é aprendermos a respeitar opiniões contrárias às nossas e sabermos como fazer concessões para que os atritos não se transformem em enfrentamentos mais sérios e, dessa forma, provoquem rachas ou animosidades na organização.

Algumas atitudes podem nos ajudar a conviver melhor com essas situações ou, mesmo, com pessoas pelas quais não temos simpatia ou afinidade, pois nosso objetivo passa a ser buscar soluções para todos, e não incentivar uma disputa a fim de saber quem tem razão.

▶ Pense antes de agir ou falar

Precisamos ter em mente que não há um único ponto de vista verdadeiro e que ninguém pode se considerar dono da verdade. Tente compreender a opinião contrária pelo ângulo a partir do qual aquele indivíduo percebe o acontecido. Se necessário, converse com alguém que está de fora da situação para que possa fazer ponderações e analisar os pontos conflitantes.

A impulsividade diante de uma dificuldade costuma piorar as relações e causar mais problemas. Algumas vezes, é difícil conseguirmos controlar nossas reações a algo que nos contraria ou nos desafie. Por isso, assim como buscamos preparo com o objetivo de lidar com adversidades, é preciso fazer uma autoavaliação para descobrirmos o que nos enfurece durante um confronto. Escrever o que vai falar no momento crítico pode ajudá-lo a pensar melhor.

▶ Adapte sua comunicação ao outro

A forma como você se comunica com a pessoa durante um conflito também pode ser decisiva para o encerramento ou a continuidade desse atrito. Por isso, é importante conhecer seu interlocutor para saber a melhor maneira de conversar com ele, se de modo mais afetivo ou racional, por exemplo, de acordo com a personalidade do outro.

A linguagem também é muito importante nesse processo. Não ataque o outro indivíduo ao expressar seus pontos de vista. Evite expressões do tipo "de jeito nenhum" ou "você está ouvindo o que está dizendo?" ou, ainda, "discordo". Inicie frases com um indicativo positivo, mostrando que você se importa e entende a opinião de seu colega, porém discorda dele em alguns pontos. Para tanto, deixe claro que compreendeu o que seu colega expôs. Ou aponte opiniões dele com as quais você concorda, expressando também, entretanto, os aspectos dos quais você discorda. Procure manter, em todo o processo, um tom de voz suave.

▶ Evite interrupções quando discordar

Temos a tendência de nos inflar em momentos de discórdia. Quando o sangue sobe, podemos não permitir ao outro completar sua lógica ou seu raciocínio. Dessa forma, interrompemos a pessoa e atropelamos suas ideias simplesmente para impor as nossas. Não recomendo que ninguém faça isso, mesmo que o outro seja assim. Aprenda a esperar a sua vez e ensine o outro a fazer o mesmo quando você estiver falando. Lembre-se de que respeito gera respeito.

▶ Aprenda a pedir desculpas

Mesmo que você se empenhe o máximo possível em ser uma pessoa equilibrada, justa e reta, mais cedo ou mais tarde cometerá deslizes por diversas razões – pode ser um momento emocional, impensado ou mesmo uma decisão ou posicionamento pensado que, num determinado contexto, não foi apropriado.

Por isso, às vezes perdemos a confiança de alguém em nós, e isso não ajuda em nada na resolução do conflito.

Se você reconhece que há uma confiança perdida, dar um passo à frente e se desculpar, por vezes, é uma atitude que desarma a outra parte se for sincera.

O pedido de desculpa pode curar uma ferida, uma relação e até mesmo dar outro rumo ao conflito instalado. Atente que o pedido de desculpa se cerque de alguns pontos, a seguir relacionados.

- Seja específico – diga quando, o que, onde e como ocorreu o fato a que você está se referindo.
- Direcione seu pedido a endereçar formalmente um lamento sobre sua atitude e como deveria ter sido.
- Explique por que agiu de tal forma. Será um bom sinal.
- Diga que tem disposição de reparar tal situação, trazendo ao outro uma nova perspectiva de relacionamento.

Análise transacional

Uma das formas de lidarmos com situações de divergência, ou com pessoas das quais não gostamos, é compreendermos como funciona o comportamento, o pensamento e os sentimentos de cada indivíduo. Para realizar tal análise, o psiquiatra canadense Eric Berne desenvolveu a técnica conhecida como "análise transacional", que avalia, por meio dos estados de ego do ser humano, como ele se comporta e como conduzir a situação de acordo com essa verificação.

Conseguir identificar seu próprio estado de ego, ou o estado de ego de outro sujeito, o ajudará a perceber melhor seus defeitos e desenvolver suas qualidades, além de auxiliá-lo na convivência com as demais pessoas, já que será possível antecipar o comportamento do outro e se preparar de forma mais adequada para o convívio e a criação de expectativas.

Segundo Berne, uma pessoa pode agir de acordo com três estados diferentes de ego: criança, pai ou adulto. Esses comportamentos não são necessariamente permanentes. Eles podem se manifestar de acordo com a situação ou em determinados períodos da vida

▶ Estado de ego criança

É o estado de ego que surge logo que nascemos e representa emoções básicas, como alegria, raiva, medo, amor, prazer e tristeza. Uma pessoa que esteja nesse estado se comporta, age, sente e interpreta o mundo como se fosse uma criança. Esse tipo de ego está ligado à recreação e à criatividade, podendo surgir em situações nas quais é permitida a liberdade de ação, como em festas ou eventos esportivos, por exemplo, ou em ocasiões em que tal comportamento não é conveniente, como discussões ou reuniões de trabalho.

O ego criança pode se dividir entre criança livre, que se comporta com características próprias de uma criança, como a curiosidade e a vontade de explorar, e como criança adaptada, que foi moldada pela educação e passa a agir como a sociedade exige que uma pessoa ensinada se comporte.

A pessoa com o ego da criança livre é curiosa, age de acordo com a impulsividade do momento, não desiste facilmente de seus objetivos e se arrisca mais em novas empreitadas, como a criação de um negócio próprio, por exemplo. O problema de pessoas com essa característica é não seguirem regras nem terem limites de comportamento muito definidos.

Já o ego da criança adaptada é mais sociável, tem por hábito seguir regras, procura sempre contentar os outros e costuma adiar tomadas de decisão e não colocar projetos em prática pelo medo de fracassar.

▶ Estado de ego pai

Enquanto o ego criança toma decisões baseado na intuição, o ego pai recorre às suas experiências passadas ao avaliar e optar por um caminho. Esse ego é guiado por normas e condutas morais e sociais aprendidas no convívio com outros indivíduos, principalmente pais ou familiares.

Assim como a criança, o ego pai pode ser dividido entre pai crítico, mais controlador e acusador, especialista em provocar culpa nas outras pessoas, e pai protetor, que transmite mais confiança aos demais e os apoia.

Como é muito ligado às questões morais, o ego pai crítico valoriza as tradições e é perfeccionista, o que o faz se cobrar em demasia. Ademais, é responsável e cumpre com os regulamentos. Por outro lado, esse tipo de indivíduo costuma ser muito rigoroso com as pessoas de sua convivência, preocupa-se excessivamente com as situações e os fatos, além de desprezar os demais colegas.

O pai protetor, por outro lado, está disposto a ajudar quem precise e é muito atencioso, possui um lado emocional mais ativo e tem bom relacionamento interpessoal, pois gosta de lidar com pessoas. Seu defeito é não saber dizer "não" às solicitações que lhe são feitas, o que pode atrapalhar a conclusão de suas tarefas mais importantes.

▶ Estado de ego adulto

Se o ego pai se baseia em códigos de condutas para agir, o estado de ego adulto analisa suas experiências, compara resultados e toma decisões baseado em situações já vividas por ele. A pessoa com o ego adulto controla melhor suas emoções, o que pode caracterizá-lo como uma pessoa fria e sem sentimentos. É lógico e racional, planejando antes de agir.

O ego adulto, contudo, pode sofrer influência do ego pai, que se caracteriza pelo preconceito em relação ao outro ou a determinados comportamentos. Nesse caso, a pessoa aceita algo em que acredita ser fato, mas que não possui correspondência com a realidade, como a ideia de que um indivíduo mais escolarizado e com mais poder aquisitivo é superior socialmente a alguém com menos recursos.

Quando essa contaminação parte do ego criança, o sujeito transforma um medo ou uma esperança em realidade. Por exemplo, alguém que acredite que uma conversa com o líder sobre uma eventual promoção profissional possa gerar sua demissão. Apesar de saber ter atingido as metas estabelecidas e possuir potencial para crescer na carreira, a pessoa não arrisca iniciar uma conversa com o chefe por acreditar que a simples menção ao merecimento da promoção será motivo para seu desligamento da empresa.

Estados do ego

P

PAI – É estruturado a partir do nascimento até os 5 anos de idade. Contém registros de acontecimentos externos. Conceito de vida ensinado.

A

ADULTO – É estruturado a partir dos 10 meses de idade. Contém registros de dados colhidos e computados por meio da exploração e do exame. Conceito de vida pensado.

C

CRIANÇA – É estruturado a partir do nascimento até os 5 anos de idade. Contém registros de acontecimentos internos. Conceito de vida sentido.

Todos os aspectos de nossas personalidades contêm o positivo e o negativo. Por isso, ao olhar para o outro, enxergue o todo, tanto o lado positivo quanto o negativo. E o que fazer com essa informação?

Minimize ou neutralize os aspectos negativos, ajudando a aflorar o positivo no outro ou na relação. Essa atitude de sua parte é nobre.

Princípio 3: minimize o negativo e fortaleça o positivo.

4. Como gerenciar conflitos entre pessoas

Conflito é comum e natural

Culturas, formas de pensar e de agir, personalidades, gêneros, classes sociais e gerações diferentes: todas essas questões podem ser geradoras de conflitos entre pessoas em uma empresa. Contudo, não é só o comportamento das pessoas que determina como serão as relações entre elas, tornando-se, muitas vezes, um fator decisivo para que uma pessoa goste da outra ou não. A forma como certas questões são conduzidas também pode interferir no relacionamento entre os indivíduos em uma organização.

Quando o ruído na comunicação entre líderes e equipe, ou mesmo entre integrantes de um grupo, não é bem administrado, pequenos assuntos acabam se transformando em grandes problemas. A maneira de intervir ou não intervir influencia fortemente o surgimento de conflitos entre pessoas.

O jeito de lidar com conflitos envolve métodos e modelos que podem trazer uma direção mais assertiva às soluções.

Vamos ver à frente diversas maneiras para você conseguir gerenciar conflitos com mais efetividade.

Os principais desafios a serem superados em relação a conflitos

Quando decidimos gerenciar um conflito, é preciso ter em mente o que significa "gerenciar".

Gerenciar é a capacidade de lidar e organizar as diversas variáveis a fim de produzir um resultado desejado. No campo do conflito, isso envolve lidar com os principais desafios que influenciam o contexto de interesses de ambas as partes.

Quais são esses desafios?

▶ Pessoas

O primeiro campo de observação deve ser sobre a **pessoa**. Há indivíduos com diversas personalidades, mais introvertidas, mais extrovertidas, mais emocionais, mais racionais etc. Seu primeiro ponto de observação é entender que tipo de personalidade está diante de você.

Entenda as personalidades de ambos. Outro fator que influencia são os valores de uma pessoa, suas habilidades e sua maturidade emocional.

Por exemplo: certa vez, um gerente estava administrando um conflito entre duas mulheres que ocupavam o mesmo cargo de vendedora. As duas eram boas vendedoras, mas volta e meia uma acusava a outra de roubar clientes. Esse gerente fez um excelente trabalho juntamente com um dos nossos consultores. Ele mapeou as duas para entendê-las antes de agir e descobriu o seguinte:

Mulher A

Tinha 27 anos, solteira, estilo "fala o que pensa", impetuosa, mais agressiva e passional. Muito ambiciosa e vaidosa, gostava de se cuidar e de ter bens mais valiosos, o que a impulsionava a vender muito, pois sempre estava endividada. Não tinha muito controle da sua vida e estava sempre tensa, correndo atrás do prejuízo. Dominava bem o processo de vendas.

Mulher B

Tinha 44 anos, casada, mãe de três filhas, estilo mais ponderado, centrada, hiper-responsável, pois a família dependia da renda dela também. Ela fazia tudo o que era necessário para realizar bem as coisas, palavra e respeito eram fundamentais. Muito sensível, magoava-se com facilidade e colocava-se na defensiva. Dominava bem o processo de vendas.

Nesse caso, a mulher B suportou durante um período a agressividade da mulher A em vendas. Todavia, depois de um tempo, ela partiu para cima também por se sentir ameaçada. As duas passaram a se agredir no trabalho de forma muito sutil, mas, às vezes, um conflito aberto entre ambas aparecia, até que o gerente resolveu investigar.

Quando ele entendeu um pouco sobre cada uma, ficou mais fácil adotar um caminho que pudesse trazer a confiança de volta. Ele constatou que precisava deixar regras mais claras e passou a ter conversas que pudessem esclarecer o que cada uma sentia até que se dissipasse a antipatia. O processo durou uns três meses e as duas passaram a se entender.

▶ Comunicação

Quando as pessoas entram em conflito, é comum que mensagens sejam distorcidas a ponto de criar, às vezes, monstros que não existem.

Em uma indústria de calçados, havia um campo de conflito muito acentuado pelo fato de uma planta estar no Sul do Brasil e a outra, no Nordeste. A distância diminuía a capacidade de interação e facilitava conflitos além das diferenças regionais. Os colaboradores do Sul afirmavam que os nordestinos não se empenhavam como deveriam. Os colaboradores da planta do Nordeste consideravam os do Sul arrogantes e brutos.

Distância e diferenças regionais são fatores que devem ser levados em análise antes de o gestor pensar em resolver um conflito. O diretor da empresa decidiu iniciar a aproximação das equipes e praticar uma mesclagem entre elas, promovendo maior diversidade. Somente pela aproximação, as resistências foram gradativamente caindo com uma supervisão atenta do próprio diretor.

▶ Estrutura

Se você coloca diversas pessoas morando em um condomínio, cujas regras não são bem-feitas e claras, provavelmente haverá choque entre os estilos e valores pessoais. Ou seja: há circunstâncias que são perfeitas para produzir conflitos.

Em muitas situações, o embate entre pessoas surge por conta de um conflito instalado por meio de processos, orientações ou metas.

É muito comum uma pessoa que trabalhe no departamento financeiro de uma empresa se incomodar com vendedores que não se preocupam com o risco da venda, mas também há vendedores que se incomodam com o financeiro quando este cria muitas dificuldades burocráticas, o que faz bons clientes desistirem de uma compra. Nessas situações, regras ou diretrizes das lideranças podem colocar as pessoas em conflito naturalmente.

Também é muito comum conflitos surgirem porque os papéis das pessoas não estão claros e um acaba invadindo o mundo do outro.

Em todas essas situações que envolvem conflito, a opção por analisar pessoas, comunicação e estrutura é um pressuposto fundamental para encontrar a melhor forma de atuar.

▶ Modelos mentais

Analisar situações e pessoas, buscando perceber como os indivíduos são, ajuda a guiar seu comportamento na gestão de um conflito.

Kenneth Thomas e Ralph Kilmann apresentaram uma perspectiva muito clara em relação à forma como as pessoas lidam com divergências. Assim, o que devemos observar quando os sujeitos estão em conflito?

1. Há pessoas que se mostram claramente focadas em seus próprios interesses. Têm uma natureza competitiva e querem impor sua vontade.

2. Há pessoas que têm de verdade um espírito de colaborar e encontrar uma solução que seja boa para ambos os lados. Estão dispostas a negociar e ceder em certa medida.

3. Há pessoas que procuram se afastar do conflito simplesmente abandonando seus próprios interesses.

4. Há pessoas que procuram se acomodar e ficar bem com todos; mesmo estando certas, elas abrem mão de sua opinião e acabam se submetendo.

5. Há pessoas com alta capacidade de resolver conflitos buscando acordos e negociando. Essas pessoas costumam liderar as situações, dispensando a interferência de terceiros.

Fonte: Thomas, Kilmann (2006).

Entender a sintonia em que cada pessoa está vibrando facilita o posicionamento de uma forma mais satisfatória diante de um conflito. Por exemplo, o comportamento competitivo exige incentivar o colaborador a ter mais empatia e enxergar soluções; para quem se isola, é hora de aproximá-lo e gerar confiança nele; a pessoa que se submete precisa de apoio e força para seguir em frente; já aquela com alta capacidade de resolver conflitos sinaliza que você deve ficar de fora da discussão.

Chaves para restabelecer a comunicação

Já sabemos que a comunicação é uma chave poderosa para resolver conflitos. Então, um ponto fundamental é saber fazer as perguntas certas a fim de obter as informações que trarão luz ao problema.

Um erro comum de gestores de conflitos é serem afoitos para resolver a questão sem analisarem a melhor forma e o momento adequado para abrir a comunicação.

As indagações certas abrem clareza e, com ela, fica mais fácil decidir racionalmente o que fazer. As perguntas precisam buscar entender até que ponto as pessoas estão dispostas a resolver a questão, por que não romperam antes, quais os melhores canais, as dimensões, se o conflito perdura e formas de fazer a abertura para que uma conversa possa existir.

O gráfico a seguir mostra perguntas estratégicas que trazem esclarecimentos ao gestor.

Como gerenciar conflitos entre pessoas

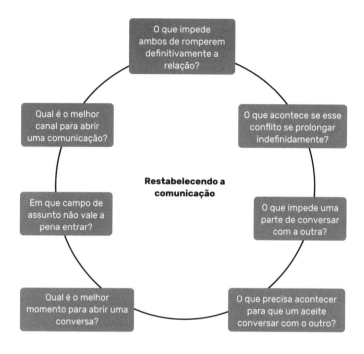

As respostas a essas perguntas e até a outras questões ainda pertinentes são uma bússola para o gestor poder se posicionar e fazer os movimentos no tempo adequado e da forma certa.

Os estágios de um conflito

A melhor forma de lidar com qualquer coisa na vida é ter a visão do que está acontecendo. O conflito, como já dissemos, tem elementos emocionais e, para o gestor não cair em armadilhas desta natureza, é recomendável que saiba enxergar onde se encontra nos estágios de um conflito.

O processo de um conflito contempla alguns estágios: oposições potenciais ou incompatibilidades; problemas de comunicação entre todos os envolvidos, com informações desencontradas e incompletas; problemas na estrutura do planejamento daquilo que a empresa realmente busca e que deve estar alinhado com todas as equipes; diferenças de valores que geram situações de preconceitos, discussões e desacordos; e ainda a questão do reconhecimento de quem sai ganhando ou perdendo de um conflito ou da solução que deve ser tomada.

Vários fatores desencadeiam os conflitos organizacionais, devendo ser percebidos para que as melhores soluções sejam encontradas e colocadas em prática. Algumas das razões podem ser as seguintes: a competição entre as pessoas; a escassez de recursos; a divergência entre os grupos e as partes em temas como autonomia e poder; mudanças externas acompanhadas de tensões e medos; a necessidade de *status* e desejo de êxito econômico; a manipulação; as necessidades não atendidas; a carência de informações; as diferenças culturais e comportamentais; e ainda as emoções não expressas e inadequadas.

Os conflitos são movimentos que podem ser mapeados e entendidos para uma melhor gestão. A seguir, vamos ver um processo que exemplifica e sistematiza a forma de trabalhar os conflitos de maneira a gerar uma melhor resolução para todas as partes.

Gestão de conflitos

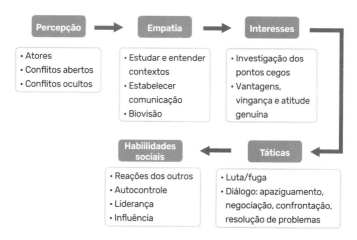

▶ 1. Percepção

O primeiro passo no estágio 1 de um conflito é perceber o que está ocorrendo. Isso significa pôr o pé no freio e tirá-lo do acelerador emocional. Isso o qualifica para lidar melhor com a situação. Assim, o que você deve perceber em uma situação de conflito?

- **Quem são os atores** – Descubra de fato quem está envolvido. Por vezes, há muitas pessoas que não se apresentam, mas estão por trás de situações conflituosas.
- **Conflitos abertos** – Outro passo importante é explicitar o conflito. Nomeie o que está ocorrendo abertamente. O conflito aberto precisa ser identificado. Abrir um conflito

não é ser ingênuo e falar dele abertamente, mas entender claramente do que se trata. Qual é o ponto central?

- **Conflitos ocultos** – Eiste outro fator crítico de sucesso, que é identificar conflitos ocultos. Conflitos ocultos são interesses que não foram revelados, jogos obscuros e movimentos feitos em bastidores. Identificar esses conflitos que não são falados e manifestados é fundamental para lidar melhor com as pessoas.

▶ 2. Empatia

Empatia é capacidade de nos vermos na mente e no coração da outra pessoa a ponto de senti-la. Nem sempre é fácil quando temos as opiniões formadas, mas é crucial para que possamos agir com inteligência.

Sua primeira tarefa é estudar e entender o que está ocorrendo. Isso demanda se colocar no lugar do outro e mapear a jornada de lógica desse indivíduo. Para isso, você precisa abrir a comunicação e segurar sua língua por um tempo até captar o jeito de pensar do outro.

Outro ponto importante é ter uma "biovisão". Biovisão é uma visão de vida. Toda pessoa tem lentes para a vida, que é sua forma de ver o mundo. Esta forma de ver o mundo traz modelos mentais e comportamentos. Quando você tem a visão da vida do outro, sua capacidade de compreender aumenta e isso freia o ímpeto de querer agir às pressas e resolver tudo de forma intempestiva.

COMO TRAZER O CONFLITO PARA UM CAMPO ABERTO E SEGURO

1. Aborde o problema quando os ânimos estiverem frios.
2. Opte por um posicionamento neutro.
3. Trate o problema como uma questão de equipe, se apropriado.
4. Convide cada parte separadamente para uma conversa, começando de maneira que dê segurança psicológica a elas.
5. Verifique as perguntas abertas. Categorize as seguintes questões:

   Você está com raiva?

   Você parece chateado, o que está em sua mente?

   Posso fazer alguma coisa para ajudá-lo? O quê?

   Em que dia isso aconteceu?

   Dê um exemplo de como isso aconteceu.

   Como você reagiu quando ele disse isso?

   Você acha que ele é um idiota?
6. Use palavras centradas no "eu" ou "isso" em vez de vocábulos focando "você".

   Exemplos do que não fazer:

   "Você não sabe o que está acontecendo por aqui."

   "Você está sendo muito duro."

   "Você está criando problemas."

   "Por que você está em guerra com o outro?"

   O que fazer:

   "Eu ainda não consegui entender o que está ocorrendo."

"Eu gostaria que me desse seu ponto vista sobre esta situação."

"Eu sinto que sou o único que sabe o que está acontecendo com esta situação."

"Por que isso vem acontecendo?"

7. Fale sobre o problema, não sobre a pessoa.

Exemplos:

"Estou preocupado com a distribuição da carga de trabalho."

"Por que ela consegue todos os bons projetos?"

"Por que o projeto vem perdendo prazos?"

8. Pare de falar e escute. Nada é mais poderoso do que escutar o outro, pois essa atitude cria confiança.

9. Aja de acordo com o que ouvir para ganhar e manter a confiança.

▶ **3. Interesses**

Uma vez que você consiga entender de verdade o jeito de pensar do outro, é hora de investigar seus interesses, mais os interesses ocultos, e entender seus motivos para gerar conflitos.

Normalmente, há três grandes motivos para a geração de um conflito, conforme indicado a seguir.

1. A pessoa quer obter vantagens de alguma maneira. Isso é muito comum e natural.

2. A pessoa se sente traída ou prejudicada e quer se vingar de alguma forma. Muitos conflitos têm como motivação oculta a vingança.

3. Há situações em que o motivo do conflito é genuíno. Por exemplo, uma pessoa que reservou um quarto de hotel e deu *overbooking* representa um problema. Se o hotel se recusa a resolver tal problema, o conflito será instalado naturalmente.

Uma vez que tenha compreendido as reais motivações de cada pessoa, é hora de agir para encontrar soluções que tragam alguma convergência e melhoria da situação.

▶ 4. Táticas

Nesse estágio, você já é capaz de decidir qual caminho ou atitude tomar. Há duas formas de enfrentar um conflito, como especificado na sequência.

Luta e fuga

A primeira medida é chamada de "luta/fuga". Isso significa haver pessoas que entendem que precisam partir para cima. Pressão, agressividade e ameaça são formas de enfrentar o outro e ele ceder. Por muitas vezes, isso funciona realmente. Mas é sempre bom medir os riscos caso o outro também adote a mesma abordagem.

Também existem aqueles que, ao perceberem o que ocorre, preferem fugir do conflito. Há muitas pessoas que fogem de embates. Há casos que devem de fato ser evitados. Permita que o outro fuja se sentir que é apropriado.

Lidando com conflitos na prática

O problema é quando você encontra uma situação em que uma parte luta e outra foge, mas, quando analisa o contexto, percebe que quem luta estará trazendo um problema futuro muito maior, enquanto quem foge não deveria fazê-lo. Seu papel é entender essas situações e criar um ambiente que leve a relação a outro nível, envolvendo o diálogo.

O diálogo

O outro caminho tático é buscar o diálogo. O diálogo abre uma negociação, um apaziguamento e a busca de um entendimento a fim de se encontrar uma solução para o impasse. Tem gente que quer briga e tem gente que quer solução.

Para você trazer o diálogo, existem três frentes de atenção, enumeradas na sequência.

1. Quando os dois são de luta – você terá de ser hábil para fazer o diálogo funcionar.
2. Quando um é de luta e outro de fuga – seu desafio é fazer a pessoa que foge não fugir para abrir diálogo.
3. Quando os dois fogem – você precisará construir confiança em ambos para mediar de forma firme.

▶ **5. Habilidades sociais**

A última fase requer uma capacidade para lidar com pessoas. Quando se entra em negociação ou se adota o comportamento luta/fuga, há a necessidade de saber lidar com a reação das pessoas.

O primeiro fator é conseguir se controlar. Autocontrole significa conter o ímpeto de reagir antes de pensar. Segurar a língua é uma atitude poderosa em situações de conflito. Outro fator importante é a liderança. Liderar consiste em deixar claro o foco da questão e não permitir que as pessoas se agridam para que o diálogo se sustente e se movimente até um campo de solução.

Por fim, o poder de influência é, por vezes, fundamental para quem está gerenciando, pois você poderá ser requisitado a tomar decisões. Decisões fundamentadas e argumentativas, com apresentação de fatos e dados que coloquem os interesses em uma nova perspectiva são mais aceitas.

Vamos ver, na sequência, como conduzir conversas difíceis para trazer soluções a conflitos.

Conversas difíceis entre pessoas

Não é nada fácil nem agradável colocar-se em um lugar para gerenciar um conflito entre pessoas. Chegará um momento em que haverá necessidade de conversas mais difíceis.

O que é uma conversa difícil?

É uma conversa que pode ter gatilhos emocionais que levem ao descontrole das pessoas e situações. Essas conversas precisam ser conduzidas com absoluto tato, calma e firmeza.

Vamos facilitar a condução dessas conversas trazendo uma perspectiva racional com vista a uma melhor efetividade. Veja essa conversa como um processo a ser seguido.

O processo de uma conversa difícil

▶ 1. Fixe o problema comum

Antes de trazer as pessoas em conflito para uma conversa, faça um trabalho de bastidor. Procure alinhar com cada parte qual é o problema. Enquanto não tiver o problema muito bem estabelecido, não avance. Por exemplo: em uma distribuidora, o problema era o tempo de resposta ao órgão fiscalizador de vigilância sanitária. Um conflito de pessoa da operação com o jurídico.

▶ 2. Encontre o objetivo comum

Uma vez encontrado o problema, concentre-se em encontrar um objetivo que seja comum. Quando as partes o encontram, há sintonia de convergência de discussão, de maneira que se torna mais fácil ajustar conflitos.

Como gerenciar conflitos entre pessoas

▶ 3. Abra espaço para empatia mútua

Essa é a etapa mais difícil, pois as emoções poderão vir à tona. Neste momento, você sente que há ambiente propício para estabelecer um diálogo aberto. Ao colocar as pessoas em uma mesa, são necessários alguns cuidados. Primeiramente, você já deverá ter alinhado o problema e o objetivo comum. Assegure-se de que os alinhamentos estão estabelecidos. Uma vez determinado o objetivo, esclareça seu papel, que é ajudar a encontrar o melhor caminho junto com eles.

Peça que cada um descreva sua visão da situação e como está se sentindo. Nesse momento, você precisará ter firmeza e não permitir que as pessoas façam acusações ou agressões. Peça que elas apenas relatem os fatos e como elas "se sentem". Dizer como se sente é mais suave do que dizer o que o outro está fazendo contra ela. Seu objetivo é explorar esse momento o tempo que for necessário para gerar empatia entre ambas as partes. É preciso esgotar os sentimentos, ou seja, incentivar as pessoas a colocar "tudo para fora". O que queremos é sensibilizar todos os envolvidos, mesmo que um esteja coberto de razão e o outro, não. Não se deve ter pressa nessa fase de expressão de sentimentos; ela pode durar alguns encontros até que tudo tenha sido dito.

Os indivíduos que ficam na defensiva em situações de conflito são muito menos abertos a *feedback*. Para que ocorra um *feedback* positivo, as pessoas precisam se sentir à vontade a fim de se comunicarem abertamente e ouvirem com atenção.

Nossas habilidades de escuta costumam ser a primeira coisa que sai pela janela quando estamos em uma situação de conflito. Tornamo-nos mais abruptos, menos amigáveis e, geralmente, menos dispostos a nos expressar de maneira aberta.

Seu desafio é construir um ambiente de confiança em que o respeito não seja prejudicado. A confiança é o elemento mais importante na construção de relacionamentos profissionais bem-sucedidos e de longo prazo. Pessoas em conflito têm pouca confiança umas nas outras e, muitas vezes, perdem o respeito entre elas.

▶ 4. Foque alternativas para soluções

A tendência das pessoas, por vezes, se a vingança estiver no ar, é querer prolongar os conflitos e focar as diferenças. Seu papel como gestor é, uma vez esgotada a empatia mútua, levar ambas as partes a encontrarem soluções. É muito importante que você esteja atento para não permitir desvios de assuntos. "O foco é solução." Nada mais interessa. As experiências anteriores atrapalham muito a busca por novas ideias. Não permita que o passado atrapalhe em excesso o presente. Se necessário for, agende uma conversa somente sobre o passado antes de seguir em frente. Ressentimentos impedem boas soluções.

▶ 5. Construa critérios antes de tomar decisões

Uma vez que tenha algumas alternativas para chegar a uma solução, a melhor delas deveria ser baseada em critérios previamente estabelecidos. Seu papel é ajudar a definir em que bases a solução deveria se alojar. Tenha em mente que, quando se estabelecem critérios, eliminam-se emoções.

▶ 6. Feche a solução acordada

Por incrível que pareça, muitas pessoas que fazem gestão de conflitos não deixam claro o que foi acordado e, por vezes, nem registram tais decisões. Assim que ocorrerem os normais desencontros, poderão surgir comentários do tipo "não entendi desta forma", "não foi exatamente isso que acordamos". Para você não cair nesta armadilha, registre por escrito e busque o "ok" de todos. Por isso, pegue o acordo e transforme-o em uma força de mudança a partir de então.

Todo conflito entre pessoas representa uma boa oportunidade para você transformar ambas as energias em somente uma força. Se você conseguir fazer isso, as partes se fortalecerão e crescerão. Portanto, os conflitos podem construir pontes positivas para o futuro e ser elementos catalisadores.

> **Princípio 4: catalise forças.**

À guisa de fechamento...

Você chegou ao final deste guia prático; portanto, pratique! Não faltarão oportunidades e lembre-se dos quatro princípios-chave deste livro.

Grande abraço!

Lidando com conflitos na prática

Quatro princípios para lidar com conflitos

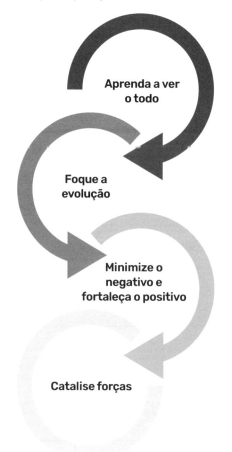

OUTROS LIVROS DO AUTOR

Adquira pelo site da editora, www.editoramerope.com.br ou pela Amazon, www.amazon.com.br

Louis Burlamaqui, com seu time de consultores e facilitadores, conduzem workshops e seminários sobre gestão de pessoas em diversas organizações. Por meio de jogos, dinâmicas e atividades práticas, reforçam novas habilidades e facilitam o fluxo entre pessoas e áreas de atuação.

Mais de 6 mil pessoas, em mais de 300 empresas no Brasil, já passaram por seus workshops sobre conflitos.

Para saber mais sobre palestras, seminários e treinamentos, contate:
atendimento@jazzer.com.br

Para saber mais sobre as empresas do autor e outros serviços oferecidos:
www.louisburlamaqui.com.br
www.jazzer.com.br
www.taigeta.com.br

TIPOLOGIA: Lora [texto]

Rubik [entretítulos]

PAPEL: Off-white 80g/m² [miolo]

Cartão 250 g/m² [capa]

IMPRESSÃO: Formato Artes Gráficas [março de 2023]